YHDESSÄ PIANOLLA
GRIEGIN LUMOISSA
ENCHANTED BY GRIEG

Hanna Elomaa & Päivi Kantanen

Esipuhe

Yhdessä pianolla – Griegin lumoissa on itsenäinen jatko-osa *Yhdessä pianolla-sarjaan*. Kirja sisältää *Edvard Griegin Peer Gynt-sarjan* sekä lyyrisiä kappaleita pianolle kuusikätisesti sovitettuna. *Hääpäivä* on oma sävellyksemme Griegin tyyliin. Sovitukset on mahdollista soittaa myös nelikätisesti ilman primo-stemmaa.

Kirjan ensimmäisestä osiosta löytyvät kappaleiden stemmat. Toisessa osiossa ovat pienoispartituurit, joita niin opettaja kuin oppilaat voivat käyttää apuvälineenä kokonaisuuden hahmottamisessa.

Halusimme sisällyttää kirjaan myös joitakin improvisaatiotehtäviä, joissa oppilaat pääsevät luomaan omaa musiikkia Griegin tyyliin. Kirjasta löytyy lyhennelmä Henrik Ibsenin näytelmästä *Peer Gynt*, jota voi käyttää tarinallisen konserttikokonaisuuden luomiseksi.

Mukavia soittohetkiä!

Toivottavat,
Hanna ja Päivi

Foreword

Together on the Piano – Enchanted by Grieg is an independent sequel to the *Together on the Piano* series. The book includes the *Edvard Grieg´s Peer Gynt* suite as well as lyrical pieces arranged for piano six hands. *Wedding Day* is our own work in the style of Grieg. The arrangements can also be played four hands without the primo part.

The first section of the book contains the individual parts for each player. The second section features miniature scores, which both teachers and students can use as a tool for understanding the full arrangement.

We also wanted to include some improvisation exercises, allowing students to create their own music in the style of Grieg. Additionally, the book features a summary of Henrik Ibsen's play *Peer Gynt*, which can be used to create a narrative concert program.

We hope you have a happy time together on the piano!

Best wishes,
Hanna and Päivi

Kappaleita voit kuunnella YouTube-kanavaltamme:

 Taiteen edistämiskeskus
Centret för konstfrämjande
Arts Promotion Centre Finland

Kuvitus: Julia Elomaa
Kannen suunnittelu: Hanna Elomaa
Sisuksen taitto: Päivi Kantanen
Kustantaja: BoD · Books on Demand, Mannerheimintie 12 B,
00100 Helsinki, bod@bod.fi
Kirjapaino: Libri Plureos GmbH, Friedensallee 273,
22763 Hampuri, Saksa

ISBN: 978-952-80-9506-4

Sisällysluettelo / Contents

Aamutunnelma

Morning Mood

Peer Gynt Suite No.1 Op. 46

poco rit.
© H. Elomaa & P. Kantanen 2025

Secondo
Aamutunnelma
Morning Mood
Peer Gynt Suite No.1 Op. 46
E. Grieg sov. HE - PK
p dolce
p
mp
mp
f
© H. Elomaa & P. Kantanen 2025
8

Aamutunnelma

Morning Mood

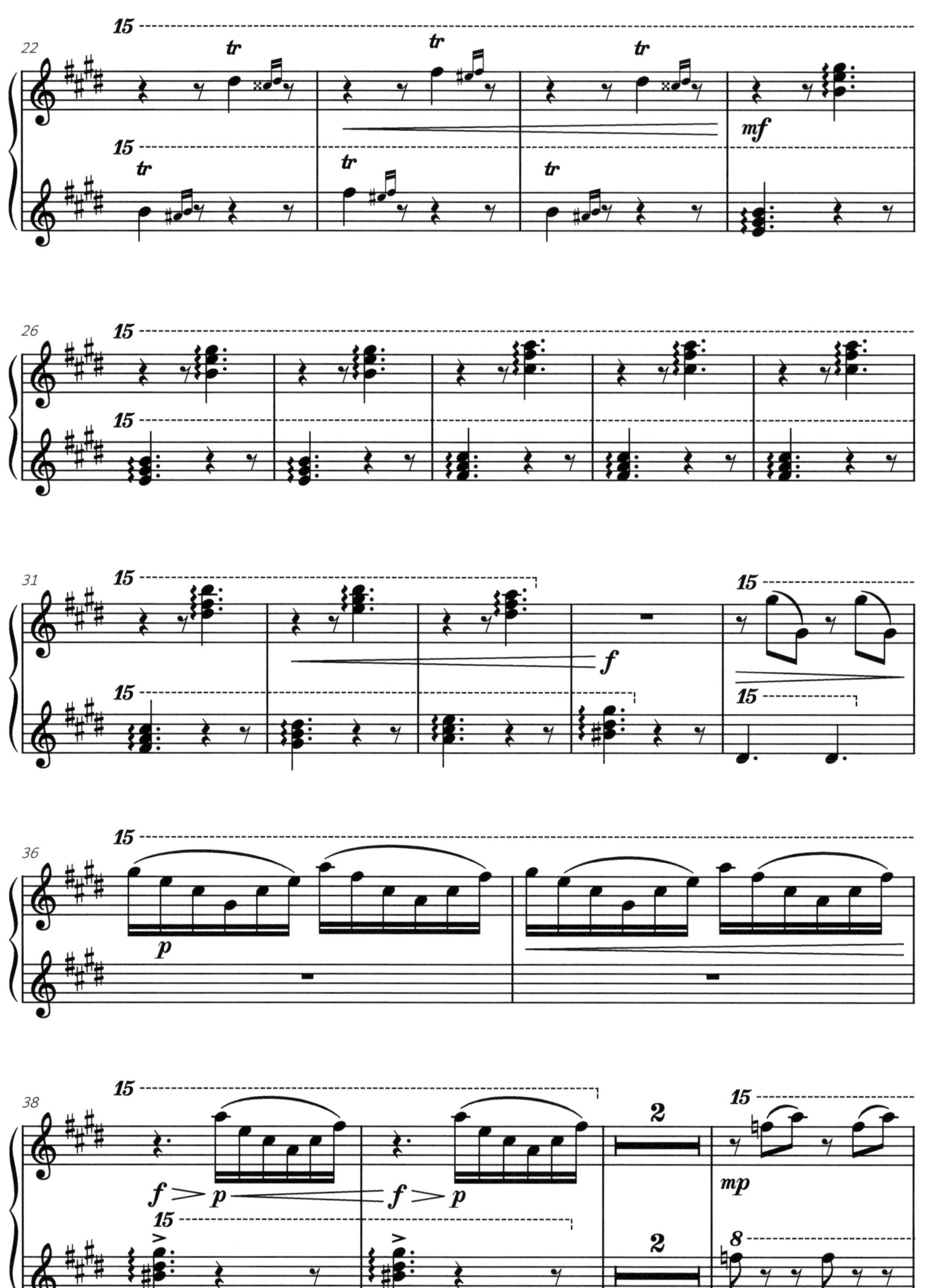

poco rit.

Hääpäivä

Wedding Day

Griegin tyyliin/In the style of Grieg

H. Elomaa - P. Kantanen

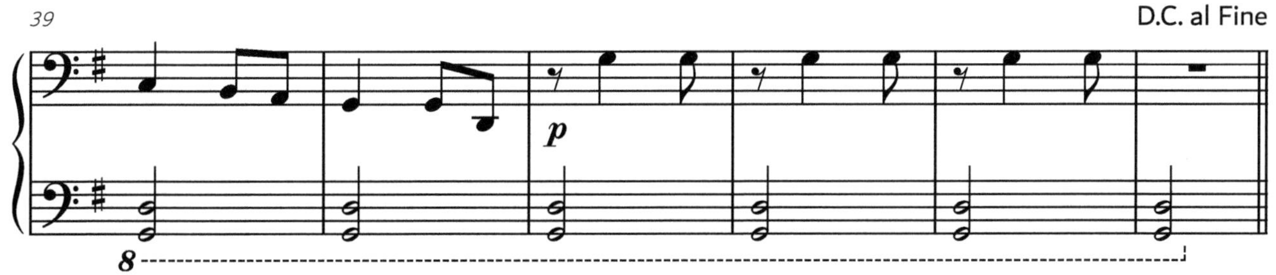

15

Hääpäivä

Wedding Day

Griegin tyyliin/In the style of Grieg

H. Elomaa - P. Kantanen

14
16
18
Fine
28
34
41
D.C. al Fine

Hääpäivä

Wedding Day

Griegin tyyliin/In the style of Grieg

H. Elomaa - P. Kantanen

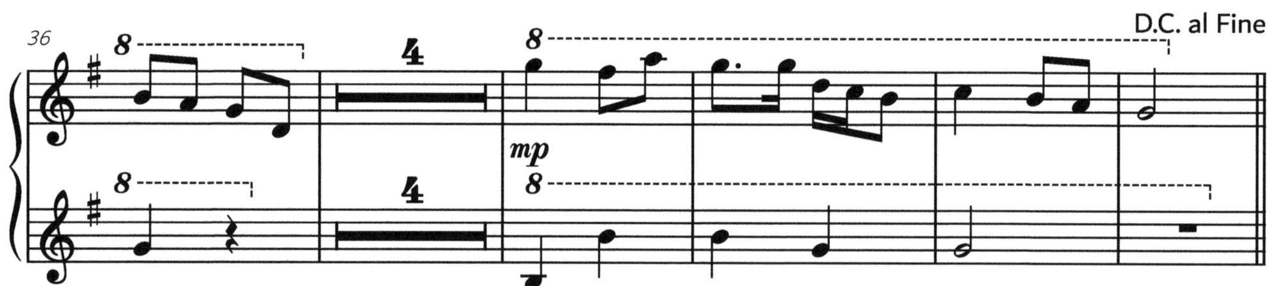

© H. Elomaa & P. Kantanen

Pikkupeikko

Småtrold/Puck

Lyyrisiä kappaleita op. 71 / Lyric Pieces op. 71

E. Grieg sov. HE - PK

Allegro molto

29
cresc.
33
più cresc.
pp
38
42
crec. molto
f
46
p
50
p

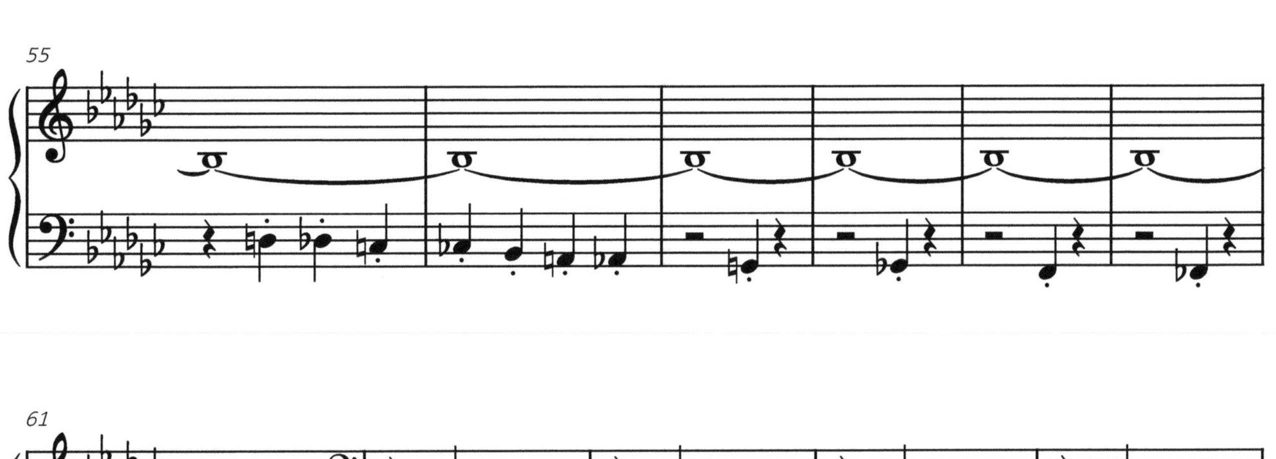

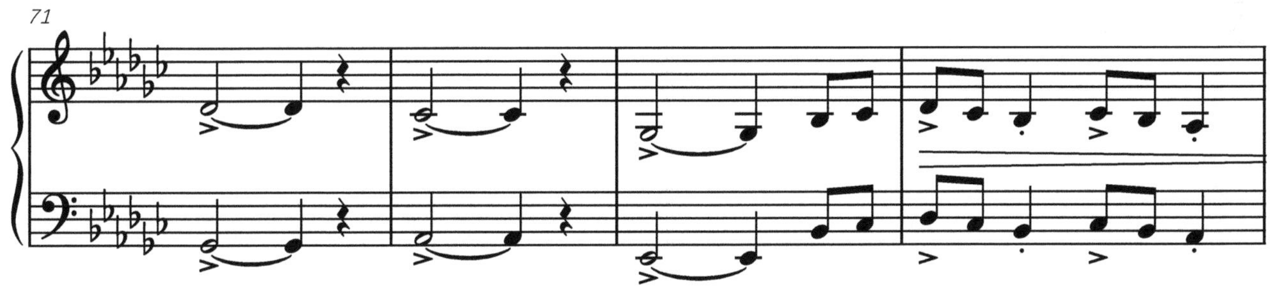

Secondo

Pikkupeikko

Småtrold/Puck

Lyyrisiä kappaleita op. 71 / Lyric Pieces op. 71

E. Grieg sov. HE - PK

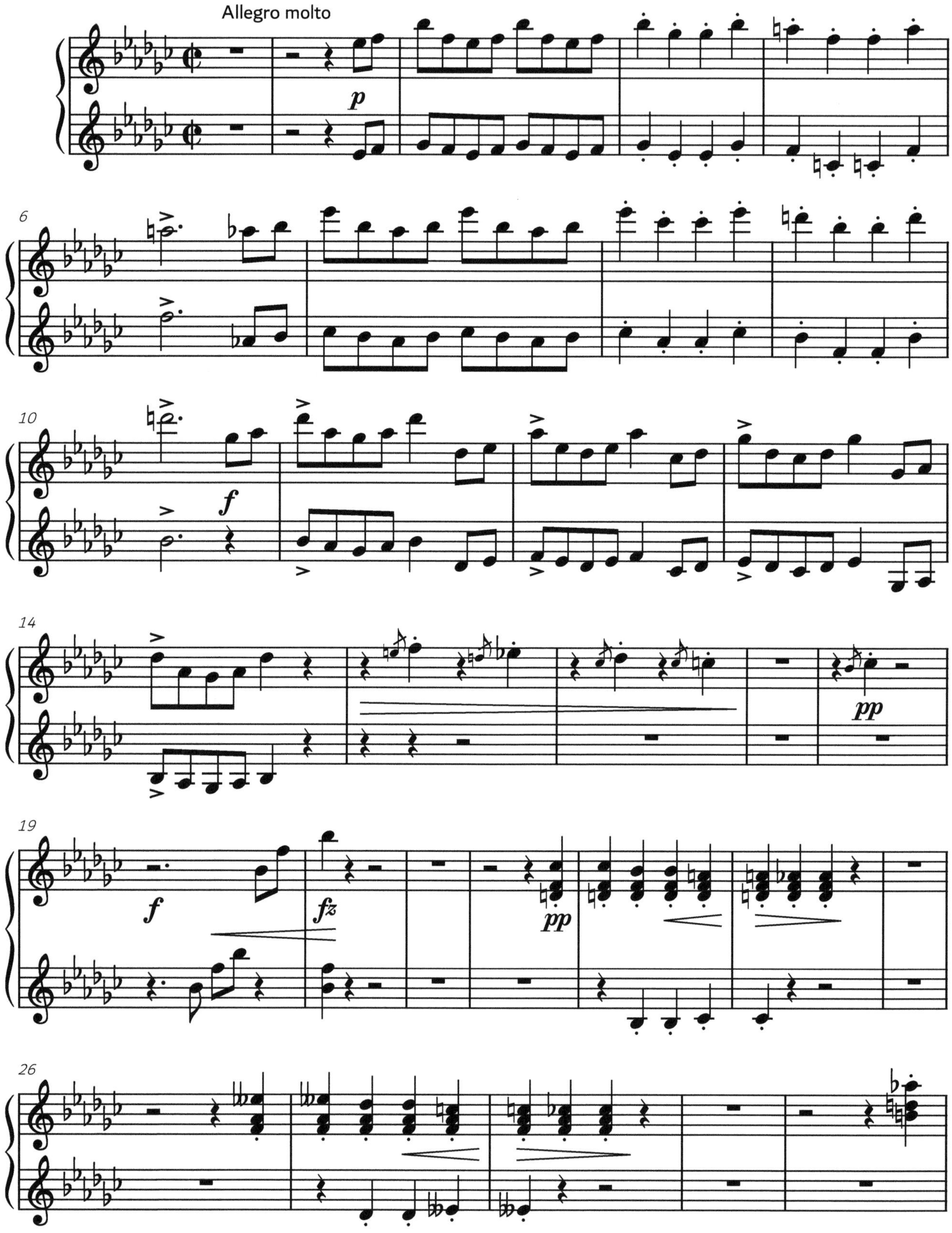
Allegro molto

31
cresc.
8
più cresc.
35
8
f
p
38
42
cresc. molto
f
46
50
pp

Pikkupeikko

Småtrold/Puck

Lyyrisiä kappaleita op. 71 / Lyric Pieces op. 71

E. Grieg sov. HE - PK

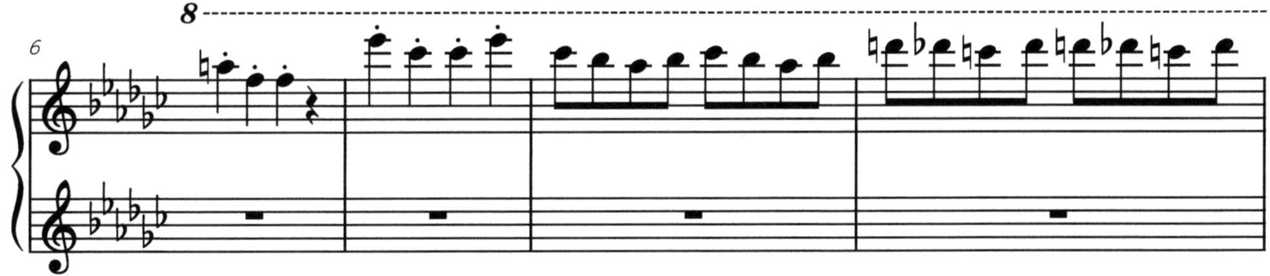

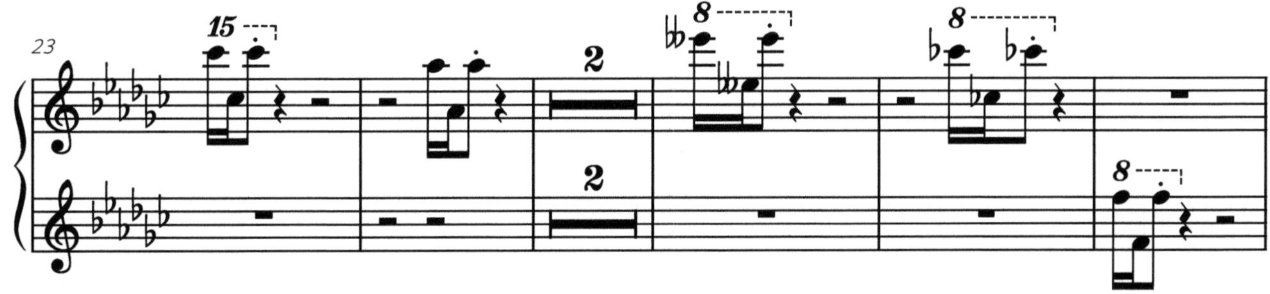

30
15
8
cresc.
8
più cresc.
8
15
36
8
pp
40
8
15
15
15
8
cresc. molto
44
15
15
15
8
f
47
15
15
15
8

Åsen kuolema
The Death of Åse

Secondo

Åsen kuolema

The Death of Åse

Peer Gynt Suite No.1 Op. 46

E. Grieg sov. HE - PK

30

Åsen kuolema

The Death of Åse

E. Grieg sov. HE - PK
Peer Gynt Suite No.1 Op. 46

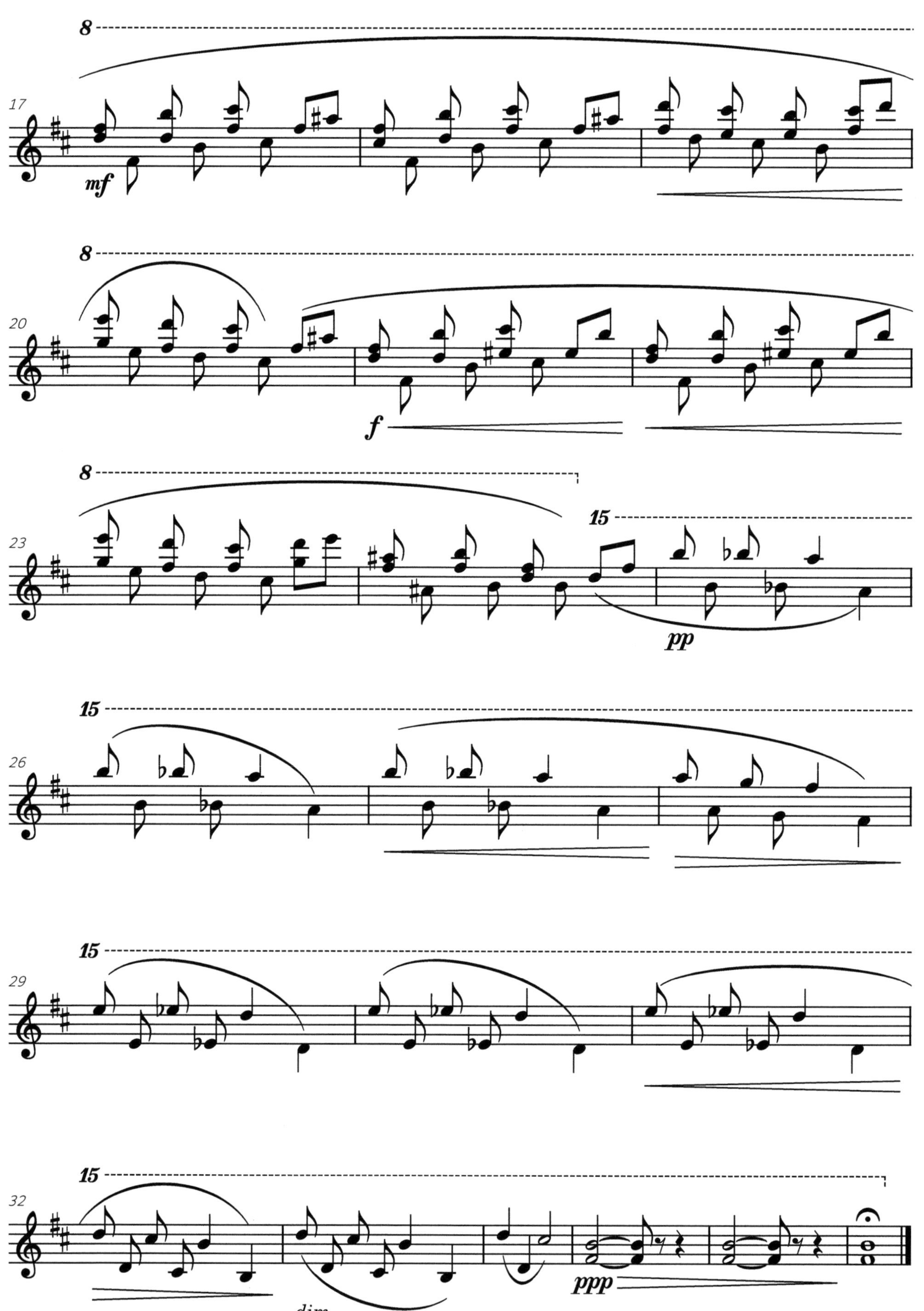

17
8
mf
20
8
f
23
8
15
pp
26
15
29
15
32
15
dim.
ppp

Anitran tanssi

Anitra´s Dance

Peer Gynt Suite No.1 Op. 46

E. Grieg sov. HE - PK

Anitran tanssi

Anitra´s Dance

Peer Gynt Suite No.1 Op. 46

E. Grieg sov. HE - PK

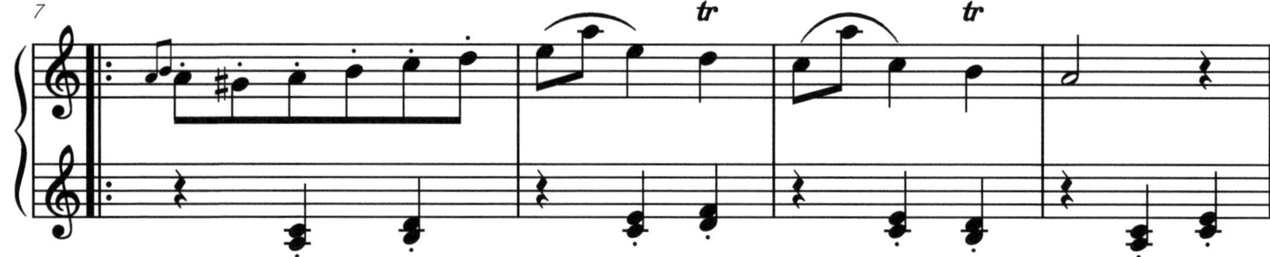

20
1.
2.
Fine
f
p
p

24
8
p
fp

30
8
fp

D.S. senza rep. al Fine
35
2
fp
fp
2

Anitran tanssi

Anitra´s Dance

Peer Gynt Suite No.1 Op. 46

E. Grieg sov. HE - PK

Vuorenkuninkaan luolassa

In the Hall of the Mountain King

Peer Gynt Suite No.1 Op. 46

E. Grieg sov. HE - PK

Vuorenkuninkaan luolassa

In the Hall of the Mountain King

Peer Gynt Suite No.1 Op. 46

gliss. valk. koskettimilla

E. Grieg sov. HE - PK

Jos primo ei ole mukana, soita oktaavia korkeammalta tahdit 31-42.

Vuorenkuninkaan luolassa

In the Hall of the Mountain King

Peer Gynt Suite No.1 Op. 46

E. Grieg sov. HE - PK

Kotiinpaluu

Hjemad/Homeward

Lyyrisiä kappaleita op. 62/Lyric Pieces op. 62

E. Grieg sov. HE - PK

© H. Elomaa & P. Kantanen 2025

Kotiinpaluu
Hjemad/Homeward

Lyyrisiä kappaleita op. 62/Lyric Pieces op. 62

Secondo

E. Grieg sov. HE - PK

23
cresc. molto
ff
27
accelerando
31
Fine
fz
mp
cantabile
35
40
D.C. al Fine

Primo

Kotiinpaluu

Hjemad/Homeward

Lyyrisiä kappaleita op. 62/Lyric Pieces op. 62

E. Grieg sov. HE - PK

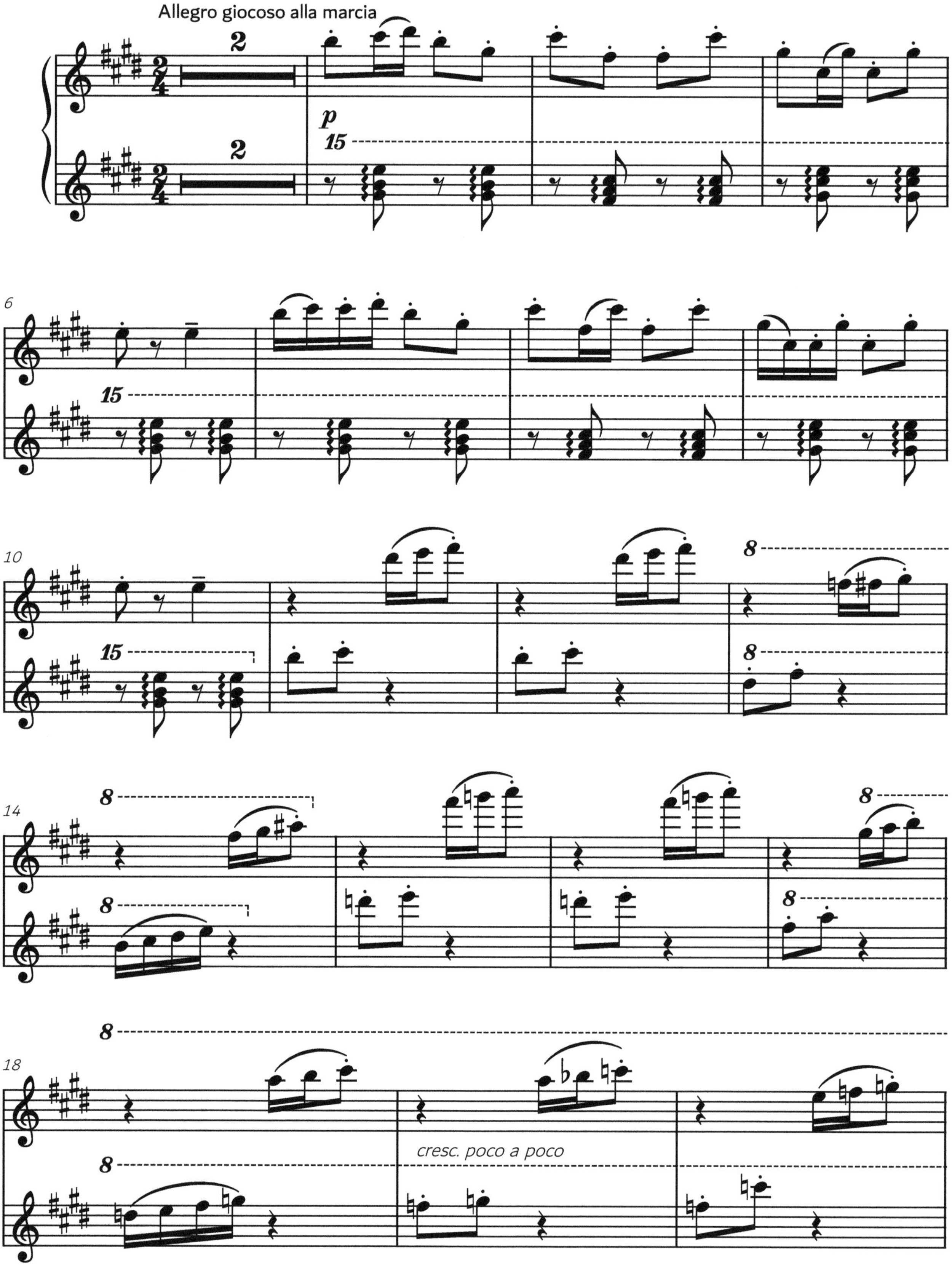

21
cresc. molto
24
f
28
accelerando
32
Fine
fz
p
cantabile
37
42
D.C. al Fine

Solveigin laulu

Solveig´s Song

Peer Gynt Suite No.2 Op.55

E. Grieg sov. HE - PK

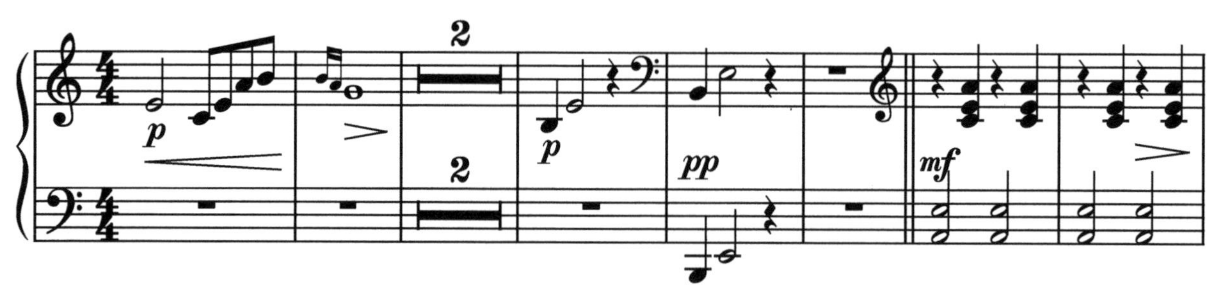

optional

simile

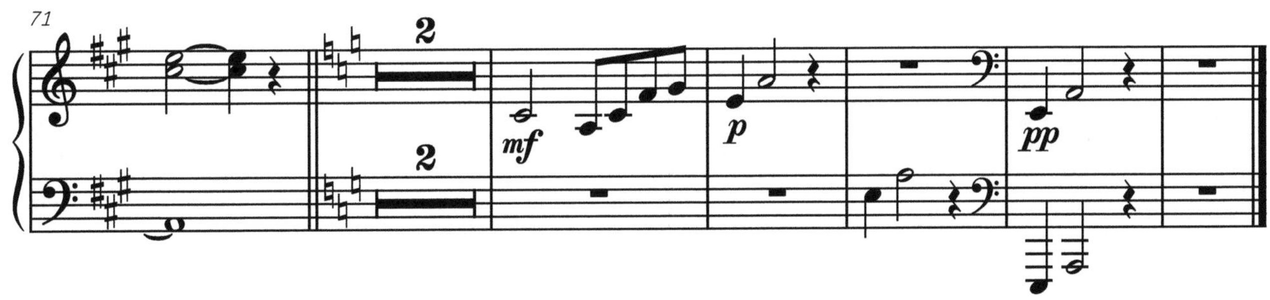

Solveigin laulu

Solveig´s Song

Peer Gynt Suite No.2 Op.55

50

42
15
cresc.
v.k. yli jos ei ole primoa, muuten melodia unisonossa
47
f
mp
15
52
tr
15
cresc.
58
8
p
66
8
3
3
mf
73
4
4
pp

Solveigin laulu

Solveig´s Song

Peer Gynt Suite No.2 Op.55

Primo

E. Grieg sov. HE - PK

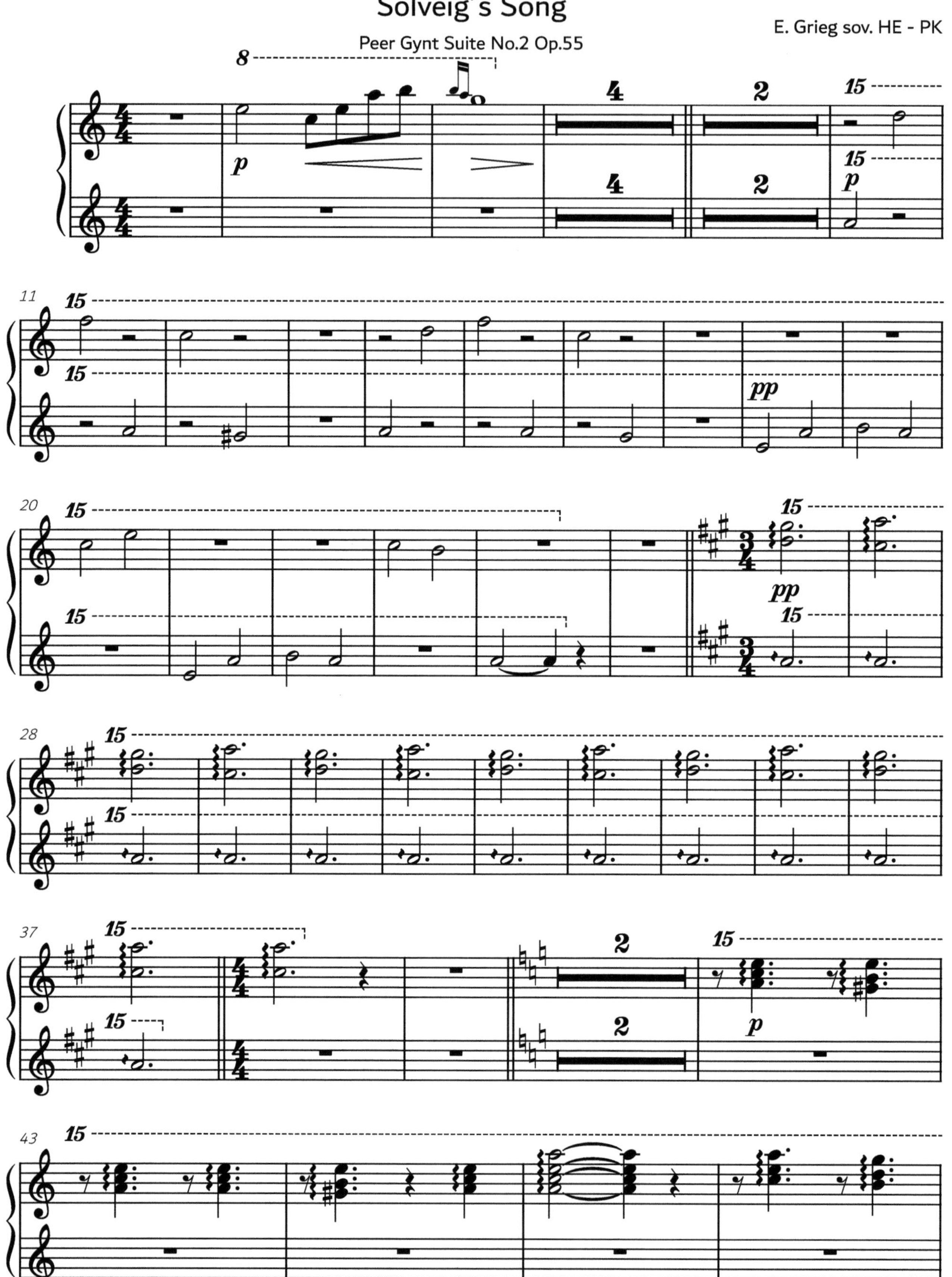

52

47
p

51

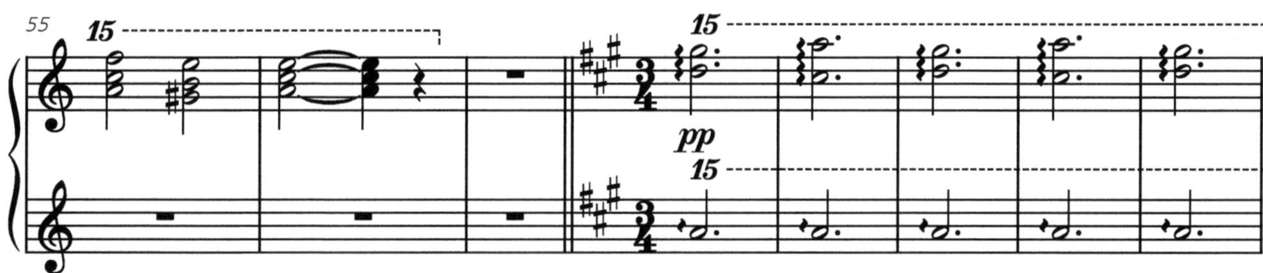

55
pp

63

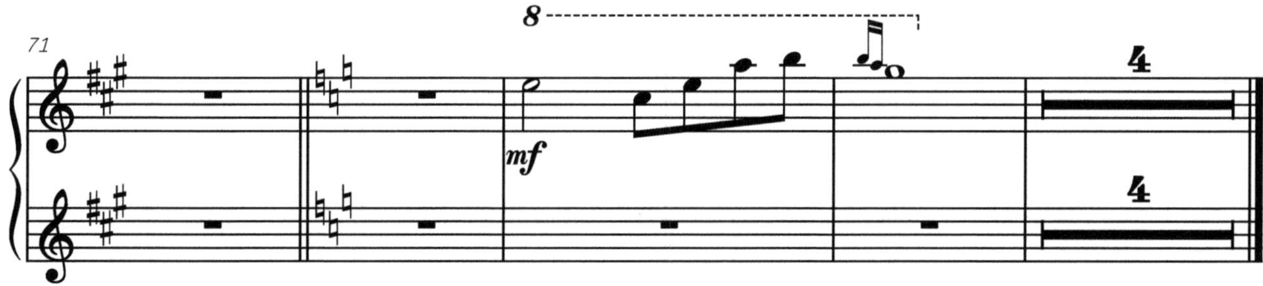

71
mf

Aamutunnelma

Morning Mood

Peer Gynt Suite No.1 Op. 46

E. Grieg sov. HE - PK

Hääpäivä
Wedding Day
Griegin tyyliin/In the style of Grieg
H. Elomaa - P. Kantanen
Primo
Secondo
Terzo

Pikkupeikko

Småtrold/Puck

Lyyrisiä kappaleita op. 71 / Lyric Pieces op. 71

E. Grieg sov. HE - PK

Allegro molto

Åsen kuolema
The Death of Åse

E. Grieg sov. HE - PK

Peer Gynt Suite No.1 Op. 46

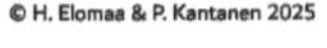

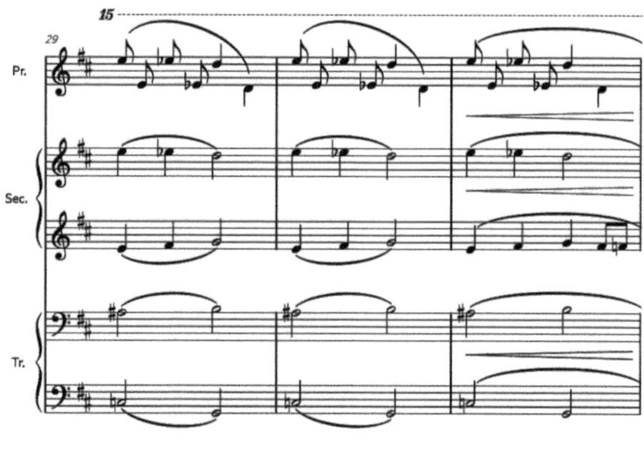

Anitran tanssi
Anitra´s Dance
Peer Gynt Suite No.1 Op. 46
E. Grieg sov. HE - PK
Primo
Secondo
Terzo

Fine

Pr.
Sec.
Trz.
fp
fp
fp

D.S. senza rep. al Fine
Pr.
fp
Sec.
fp
Trz.
© H. Elomaa & P. Kantanen 2025

Vuorenkuninkaan luolassa
In the Hall of the Mountain King
Peer Gynt Suite No.1 Op. 46
E. Grieg sov. HE - PK
Primo
Secondo
Terzo
gliss. valk. koskettimilla
pp
pp
gliss. valk. koskettimilla
Pr.
pp
simile staccato
Sec.
p
simile staccato
Tr.
simile staccato
© H. Elomaa & P. Kantanen 2025

Pr.
pp
Sec.
pp
Tr.
p
Pr.
Sec.
p
Tr.
pp
p
mp
p
© H. Elomaa & P. Kantanen 2025

Jos primo ei ole mukana, soita oktaavia korkeammalta tahdit 31–42.

Kotiinpaluu

Hjemad/Homeward

Lyyrisiä kappaleita op. 62/Lyric Pieces op. 62

Allegro giocoso alla marcia

E. Grieg sov. HE – PK

© H. Elomaa & P. Kantanen 2025

© H. Elomaa & P. Kantanen 2025

Solveigin laulu

Solveig´s Song

Peer Gynt Suite No.2 Op.55

E. Grieg sov. HE - PK

© H. Elomaa & P. Kantanen 2025

© H. Elomaa & P. Kantanen 2025

optional

simile

v.k. yli jos ei ole primoa, muuten melodia unisonossa

optional

Improvisaatio Griegin tyyliin: Yö tuntureilla
Improvisation in the style of Grieg: Night in the Fells

Soittaja 1

Soittaja 2

Soittakaa ostinato-kuvioita A, B ja C vapaassa järjestyksessä. Kokeilkaa myös muunnella rytmejä ja keksiä omia kuvioita.

Play ostinato patterns A, B and C in a free order. Try also modifying the rhythms and creating your own patterns.

Improvisaatio tarinan pohjalta

Soittaja 3

Heittäkää noppaa ja valitkaa laatikosta silmäluvun mukainen sana. Keksikää sanoja käyttämällä tarina ja soittakaa se.

1. linna	1. avain	1. haltija
2. kellari	2. taikasauva	2. peikko
3. ullakko	3. huivi	3. keiju
4. metsä	4. viitta	4. pöllö
5. luola	5. tiimalasi	5. karhu
6. ranta	6. kristallipallo	6. aave

Improvisation based on a story

Roll a die and choose a word from the box corresponding to the number you rolled. Create a story using the selected words and play the story.

1. castle	1. key	1. elf
2. cellar	2. magic wand	2. troll
3. attic	3. scarf	3. fairy
4. forest	4. cloak	4. owl
5. cave	5. hourglass	5. bear
6. shore	6. crystal ball	6. ghost

Improvisaatio Trolltogin tapaan

Improvisation in the style of Trolltog

Kuunnelkaa ensin Lyyrisiä kappaleita op. 54 nro. 3 / Listen Lyric Pieces op. 54 No. 3

HE - PK

Käyttäkää annettuja säveliä vapaasti. Kokeilkaa myös, mitkä muut sävelet kuulostaisivat hyvältä.

Use the given notes freely. Also, try which other notes sound good.

© H. Elomaa & P. Kantanen 2025

11
Soittaja 1
Soittaja 2
Soittaja 3
Huomaa tauot

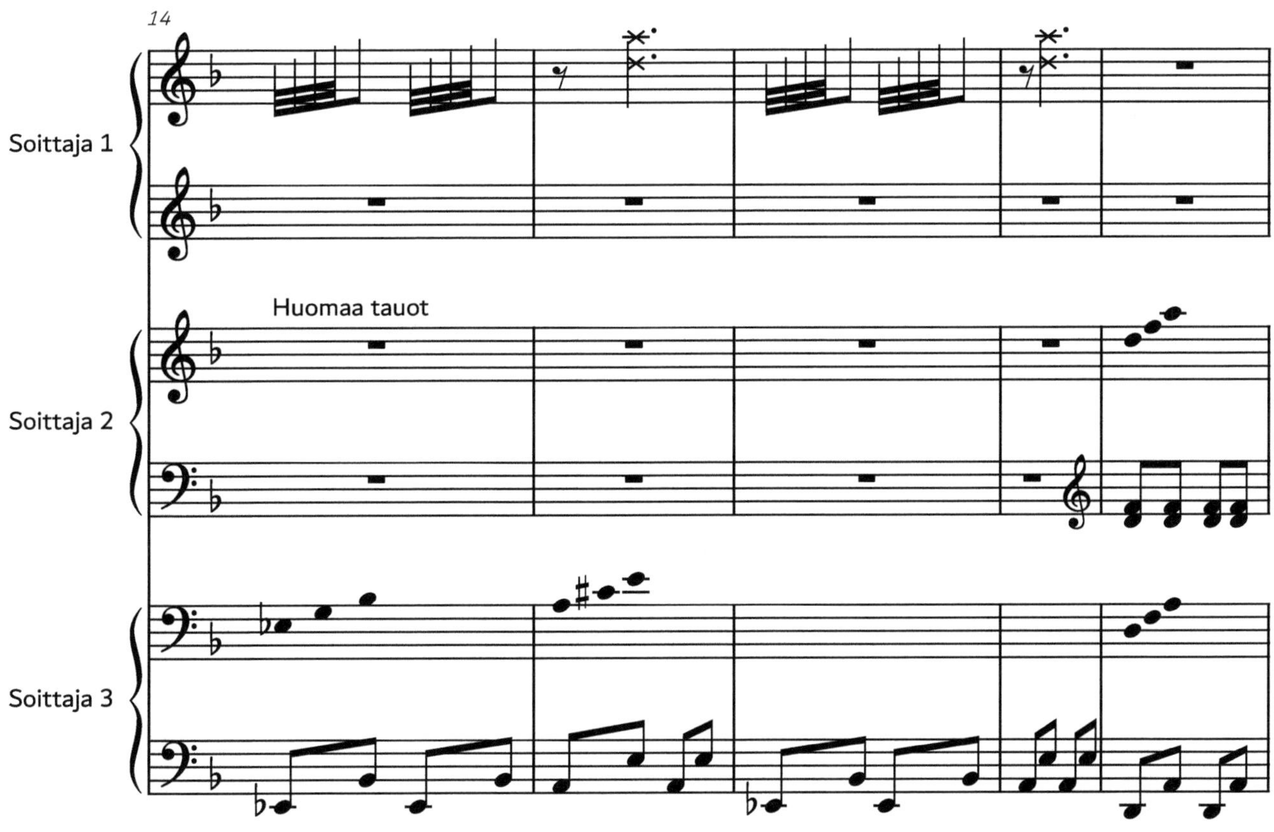

14
Soittaja 1
Soittaja 2
Huomaa tauot
Soittaja 3

19
Huomaa tauot
Fine
Soittaja 1
Soittaja 2
Soittaja 3

26
Improvisoi melodia D-duuriasteikon säveliä käyttäen
D.C. al Fine
Soittaja 1
Huomaa tauot
Soittaja 2
Huomaa tauot
Soittaja 3

Peer Gyntin seikkailut

Henrik Ibsenin Peer Gynt-näytelmärunoa mukaillen

-Musiikkia: Aamutunnelma-

Peer: Minä tulin takaisin.

Solveig: Kiva kun tulit. En hetkeäkään epäillyt, ettet palaisi. Pitkään sinua sai kyllä odottaa.

Peer: Minulla oli aika monta seikkailua matkalla.

Solveig: Kaikki kai alkoi siitä, kun olit metsästämässä peuroja.

Peer: Juu. Hyppäsin peuran selkään. Se lähti hurjaan laukkaan. Me kiisimme pitkin kapeaa vuoren harjannetta. Alhaalla meri ja rantoihin ryskyvät jäälautat vain vilisivät silmissä. Yhtäkkiä iso, komea ukkometso törmäsi peuraan! Peura säikähti, nousi takajaloilleen ja siinä samassa me syöksyimme rinnettä alas, kunnes putosimme jääkylmään veteen.

Solveig: Ei ole totta!

Peer: Minä ja peura pääsimme uimaan rantaan. Minulle ei käynyt kuinkaan, mitä nyt housut vähän repesivät. Peura loikki saman tien jonnekin metsään.

Solveig: Minusta tuntuu, että olen kuullut tämän tarinan ennenkin, et tainnut olla sinä, joka ratsasti peuralla. No, miten vain. Mikä se juttu sinun äidistäsi oli?

Peer: Minä olen niin vahva, että nostin äitini kylän myllyrakennuksen katolle!

Solveig: Miksi sinä niin teit?

Peer: Åse ei halunnut lähteä Ingridin hääjuhlaan, joten nostin hänet katolle katselemaan maisemia. Minä sen sijaan lähdin juhliin. Siellä oli hauskaa! Kaikki päättyi siihen, että ryöstin morsiamen. Vein hänet vuoren huipulle.

-Musiikkia: Hääpäivä-

Solveig: Ingrid kertoikin, että hääpuku tahraantui sillä retkellä. Ingrid palasi juhliin takaisin, mutta sinä jäit vuorille.

Peer: Niin jäin. Alkoi mustasukkaisen sulhasen tapaaminen arveluttaa. Tiedätkö mitä, siellä vuorilla minä näin upean palatsin! Peikkojen rakentaman. Tapasin Vuorenkuninkaan tyttären ja ihastuin. Äkkiä sitä oltiinkin Vuorenkuninkaan puheilla hääjärjestelyistä sopimassa. Kaikki meni hyvin, kunnes siitä peikkosuvusta alkoi paljastua todella outoja piirteitä. He vaativat, että minun olisi pitänyt alkaa käyttää irtohäntää, kun ei omasta takaa ole. Väittivät, ettei sovi takamus paljaana heidän palatsissaan kuljeskella. Kun kieltäydyin, uhkasivat laittaa pataan, peikkojen ruoaksi.

-Musiikkia: Pikkupeikko (Småtrold)-

Solveig: Huhu kertoo, että kuka heidän palatsiinsa astuu, hänen ei ole sen koommin enää lupa poistua.

Peer: Todella kummallista sakkia. Onnistuin pakenemaan viime hetkellä.

Solveig: Onneksi. Muuten en olisi koskaan päätynyt asumaan sinun rakentamaasi mökkiin.

Peer: Niin. Itse veistin hirret, pystytin seinät ja katon. Oveen laitoin puulukon suojaksi peikoilta ja mustasukkaisilta aviomiehiltä. Kun työ oli valmis, oli jo talvi.

Solveig: Ja eräänä päivänä minä hiihdin sinne. Kysyin tietä kotiin ja mökille neuvoivat.

Peer: Ja mökkiini sinä jäit asumaan. Et koskaan käyttänyt lukkoa. Pidit oven aina avoinna. Sinun mielestäsi kaikki ohikulkijat olivat tervetulleita.

-Musiikkia: Improvisaatio Yö tuntureilla

Solveig: Niin. Mutta sitten sinun piti lähteä.

Peer: Niin siinä kävi. Åse sairastui. Ehdin juuri hyvästelemään hänet viimeisen kerran.

Solveig: Se oli varmasti surullista.

Peer: Oli. En halunnut jäädä. Liikaa kaikkea. Lähdin merille.

-Musiikkia: Åsen kuolema-

Peer: Tämä on vähän nolo juttu. Kun olin Marokossa, tapasin viehättävän Anitran.

Solveig: Tuosta en tiennyt mitään. Kerro kaikki.

Peer: Istuimme iltaa erään arabisheikin teltalla. Joukko tyttöjä tanssi ja yksi heistä tuli juttelemaan. Kuulemma komea vaalea viikinki herätti heti hänen kiinnostuksensa. Aloimme viihtyä hyvin yhdessä. Hän ihaili kaikkea kaunista. Lahjoitin hänelle kultakelloni ja koruja. Anitran sisko oli vaikeuksissa ja halusin auttaa. Lainasin kaikki säästöni ja jopa kamelini, jotta Anitra voisi helpommin kulkea pitkän matkan siskonsa luokse. Sen jälkeen en kuullut hänestä enää mitään.

Solveig: Voi Peer. Sinua huijattiin. No, noin on käynyt muillekin.

-Musiikkia: Anitran tanssi-

Peer: Vielä hurjempaa oli luvassa. Halusin lähteä kotimatkalle. Löysin laivan, joka oli suuntaamassa pohjoiseen. Matka sujui mukavasti, kunnes merellä nousi myrsky.

Solveig: Mitä sitten tapahtui?

Peer: Laiva ei kestänyt myrskyn voimaa, vaan hajosi aallokossa kappaleiksi. Kapteeni, koko miehistö ja matkustajat joutuivat veden varaan. Luulin jo viimeisen hetkeni koittaneen, kun näin, miten hylynkappale, osa laivan pohjaa, nousi pintaan. Onnistuin kiipeämään kappaleen päälle. Oli hyytävän kylmä, olin aivan kohmeessa. Ketään muuta ei näkynyt.

-Musiikkia: Vuorenkuninkaan luolassa-

Solveig: Kuka sinut pelasti sieltä?

Peer: Myrsky laantui yhtä nopeasti kuin oli noussutkin. Näin, ettei satama ollut enää kaukana. Meloin käsiäni ja jalkojani apuna käyttäen rantaan. Minulla oli niin kylmä, että näin näkyjä. Vanha napinvalaja muottinsa kanssa tuli hakemaan minua. Hän sanoi, että olen täydellisesti epäonnistunut kaikessa, viallinen tuote, joka täytyy sulattaa ja valaa uudestaan joksikin toiseksi.

Solveig: Mikä on napinvalaja? Ei kai sellaisia enää ole?

Peer: Napinvalaja valaa nappeja paitoihin, housuihin, takkeihin, mihin vain tarvitaan. Hän sulattaa tinaa, kaataa sen muotteihin ja muotoilee nappeihin reiät, jotta ne voi ommella kiinni vaatteeseen. Pyysin napinvalajalta, että säästäisi minut tämän kerran. Haluaisin niin kovasti takaisin mökkiin Solveigin luokse.

-Musiikkia: Kotiinpaluu (Hjemad)-

Solveig: Ja tämä napinvalaja päästi sinut menemään?

Peer: Niin. Hän kuitenkin lisäsi, että kohtaa minut vielä jonakin päivänä uudelleen ja sitten katsotaan, kuinka minun lopulta käy. Anteeksi Solveig, minun ei olisi pitänyt lähteä sinun luotasi.

Solveig: Ei se mitään Peer. Sinulla on seikkailijan luonne. Lisäksi olet mainio tarinankertoja. Minun on ollut hyvä olla täällä. Ympäröivän metsän ilma on niin raikasta ja mökissä on talvipakkasellakin ollut lämmin. Käy nyt hetkeksi lepäämään, niin minä laulan sinulle. Tein kauniin laulun sinua odotellessani.

-Musiikkia: Solveigin laulu-

The Adventures of Peer Gynt
Based on Henrik Ibsen's dramatic poem Peer Gynt

-Music: Morning Mood-

Peer: I came back.

Solveig: Glad you did. I never doubted for a moment that you would return. But I did have to wait a long time.

Peer: I had quite a few adventures along the way.

Solveig: It all started when you were hunting deer, right?

Peer: Yes. I jumped onto the back of a deer. It took off at a wild gallop. We raced along a narrow mountain ridge. Below, the sea and crashing ice floes flashed past my eyes. Suddenly, a big, handsome capercaillie crashed into the deer! The deer panicked, reared up, and in that moment, we tumbled down the slope until we plunged into the icy water.

Solveig: That can't be true!

Peer: The deer and I managed to swim ashore. I was fine, though my pants got a little torn. The deer bounded off into the forest.

Solveig: I think I've heard this story before. Are you sure it was you who rode the deer? Well, never mind. What was that about your mother?

Peer: I am so strong that I lifted my mother onto the roof of the village mill!

Solveig: Why on earth did you do that?

Peer: Åse didn't want to go to Ingrid's wedding feast, so I lifted her onto the roof to enjoy the view. I, on the other hand, went to the wedding. It was great fun! It all ended with me kidnapping the bride. I took her to the top of the mountain.

-Music: Wedding Day-

Solveig: Ingrid did say her wedding dress got stained on that trip. She returned to the party, but you stayed in the mountains.

Peer: Yes, I did. I started to worry about facing her jealous fiancé. You know what? Up in the mountains, I saw an amazing palace! Built by trolls. I met the Mountain King's daughter and fell in love. Before I knew it, we were discussing wedding arrangements with the King himself. Everything was going well until I realized how strange the troll family was. They insisted I wear a detachable tail since I didn't have one of my own. They said it wasn't proper to walk around their palace with a bare backside. When I refused, they threatened to cook me in their pot as troll food.

-Music: Puck (Småtrold)-

Solveig: I've heard that anyone who enters their palace is never allowed to leave again.

Peer: A really weird bunch. I managed to escape just in time.

Solveig: Good thing. Otherwise, I would have never ended up living in the cabin you built.

Peer: Yes. I carved the logs myself, put up the walls and roof. I even put a wooden lock on the door to keep out trolls and jealous husbands. By the time I was finished, winter had come.

Solveig: And one day I skied there. I asked for directions home and was guided to your cabin.

Peer: And you stayed in my cabin. You never used the lock. You always kept the door open. You thought all passersby were welcome.

-Music: Improvisation Night in the Fells-

Solveig: Yes. But then you had to leave.

Peer: That's how it went. Åse got sick. I just managed to say goodbye to her one last time.

Solveig: That must have been sad.

Peer: It was. I didn't want to stay. Too much going on. So, I went to sea.

-Music: The Death of Åse-

Peer: This is a bit embarrassing. When I was in Morocco, I met a charming girl named Anitra.

Solveig: I didn't know about this. Tell me everything.

Peer: We were spending the evening in an Arab sheikh's tent. A group of girls was dancing, and one of them came to talk to me. Apparently, a handsome blonde Viking caught her attention right away. We enjoyed each other's company. She loved beautiful things. I gave her my gold watch and jewelry. Anitra's sister was in trouble, and I wanted to help. I lent her all my savings and even my camel, so she could travel to her sister more easily. After that, I never heard from her again.

-Music: Anitra´s Dance-

Solveig: Oh Peer, you were tricked. Well, that happens to others too.

Peer: Even crazier things followed. I wanted to head home. I found a ship bound for the north. The journey went well until a storm hit at sea.

Solveig: What happened then?

Peer: The ship couldn't withstand the storm and broke into pieces. The captain, crew, and passengers were thrown into the water. I thought my time had come, but then I saw a piece of wreckage—part of the ship's bottom—floating up. I managed to climb onto it. It was freezing cold. I was completely numb. No one else was in sight.

-Music: In the Hall of the Mountain King-

Solveig: Who rescued you from there?

Peer: The storm subsided as quickly as it had come. I saw that the harbor wasn't far anymore. Using my hands and feet, I paddled to shore. I was so cold I started hallucinating. An old Button-Moulder with his mold came to take me away. He said I had failed at everything, that I was a faulty product that needed to be melted down and cast anew into something else.

Solveig: What is a Button-Moulder? Do they still exist?

Peer: A Button-Moulder casts buttons for shirts, pants, coats—whatever is needed. He melts tin, pours it into molds, and shapes holes in the buttons so they can be sewn onto clothes. I begged him to spare me this time. I wanted so badly to return to the cabin and to you, Solveig.

-Music: Homeward (Hjemad)-

Solveig: And the Button-Moulder let you go?

Peer: Yes. But he warned me that one day he would come again, and then we'd see how things end for me. I'm sorry, Solveig, I shouldn't have left you.

Solveig: It's okay, Peer. You have an adventurer's soul. Besides, you're a wonderful storyteller. I've been happy here. The forest air is so fresh, and the cabin has been warm even during the winter frost. Now, rest for a while, and I will sing to you. I composed a beautiful song while I was waiting for you.

-Music: Solveig´s Song-